spot

MÁQUINAS PODEROSAS

LOS COCHES DE CARRERAS

por Wendy Strobel Dieker

AMICUS | AMICUS INK

neumático

spoiler

Busca estas palabras e imágenes mientras lees.

locomotora

red para ventanilla

¡La carrera está por comenzar! Allí vienen los coches de carreras.

MONSTER ENERGY
PENNZOIL
Ford
12
FUSION
ALLIANCE TRUCK PARTS
PENNZOIL
Ford
2
FUSION
FUSION

Los coches de serie corren en pistas ovaladas. Fueron hechos para la velocidad. ¡Pasa a toda velocidad!

¿Ves la locomotora? Es para un coche de Fórmula 1. Va detrás del conductor.

locomotora

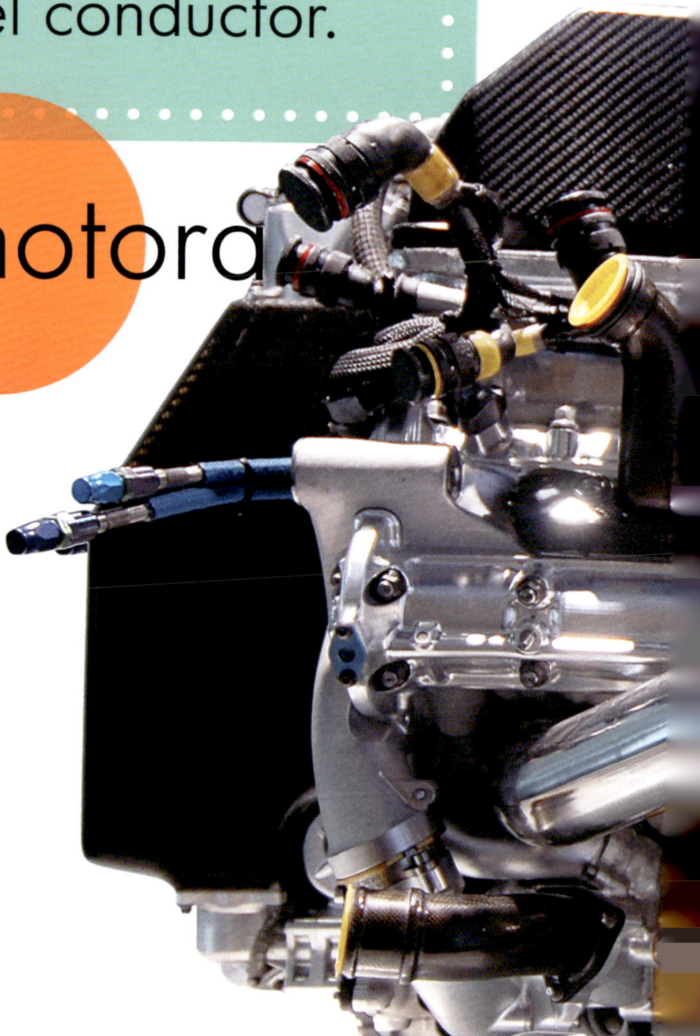

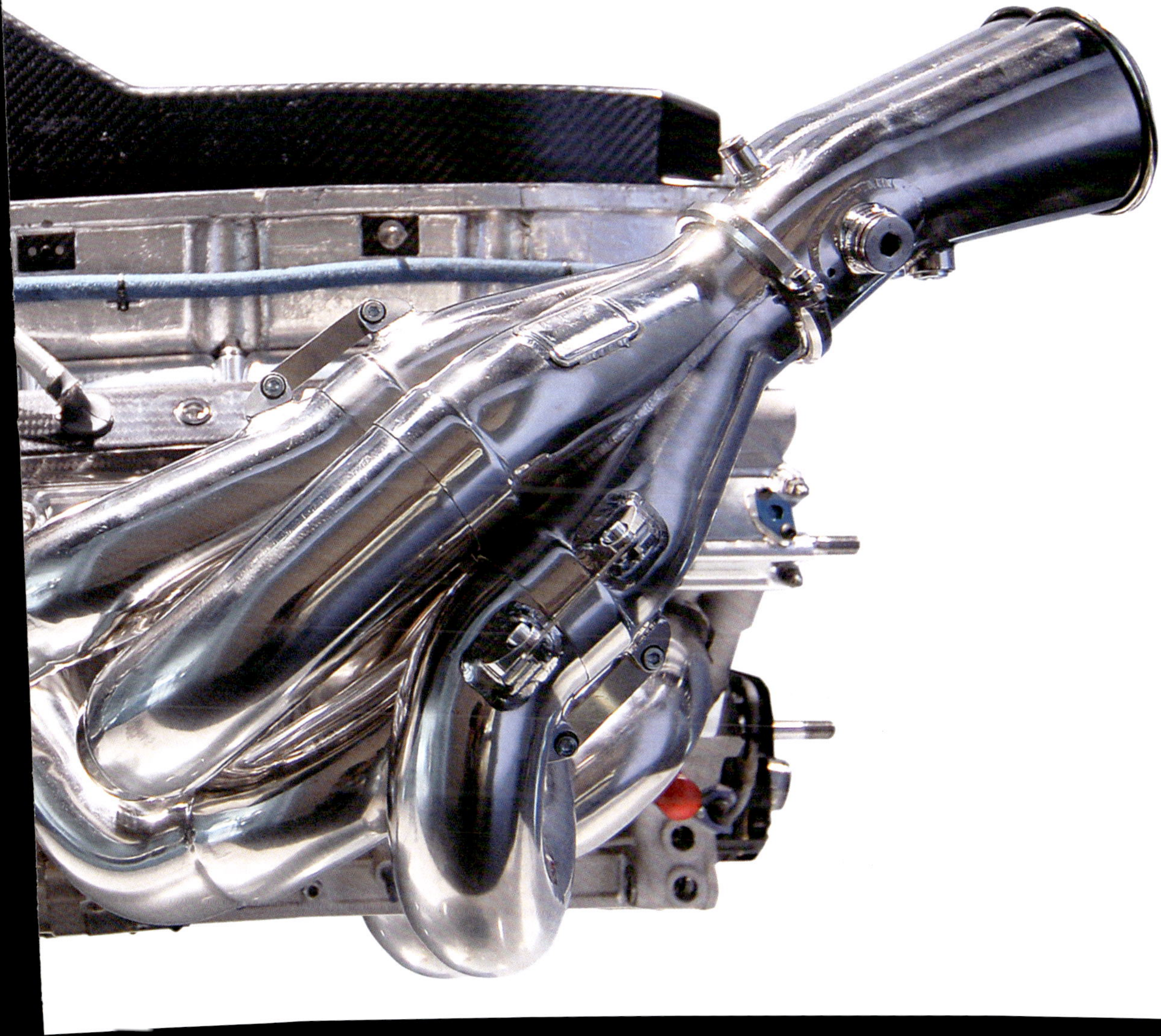

SINGHA
Lenovo
HUBLOT

¿Ves el neumático? Es liso. Los neumáticos se agarran a la pista.

¿Ves el spoiler?
Ayuda a que el aire vaya por encima del coche.

¿Ves la red para ventanilla? No se rompe en caso de choque. Hace que el conductor vaya más seguro.

Un coche cruza la línea de llegada. Se agita la bandera a cuadros. ¡La carrera terminó!

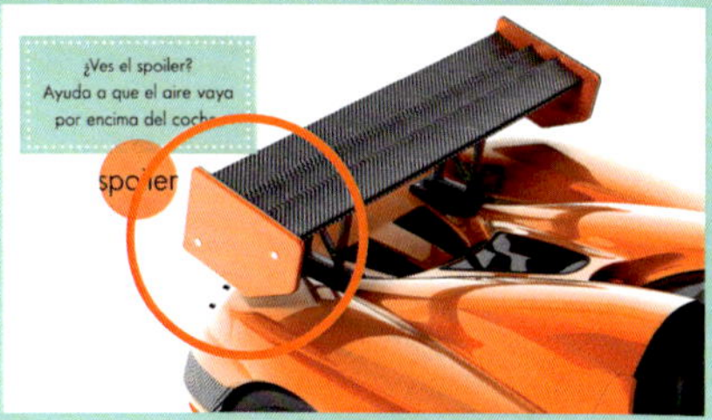

neumático

spoiler

¿Lo encontraste?

locomotora

red para ventanilla

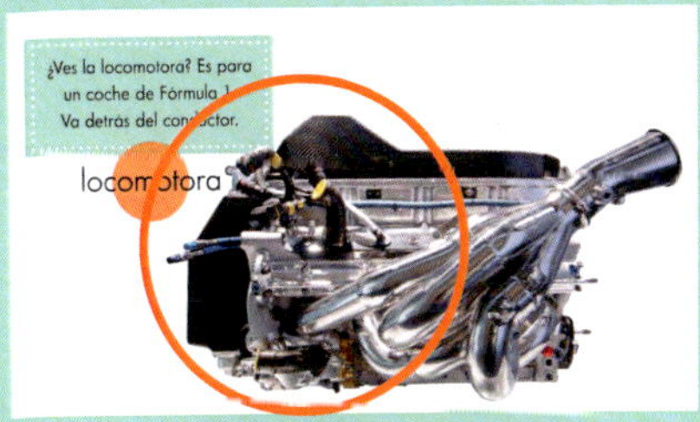

Spot es una publicación Amicus y Amicus Ink
P.O. Box 227, Mankato, MN 56002
www.amicuspublishing.us

Library of Congress Cataloging-in-Publication Data
Names: Dieker, Wendy Strobel, author.
Title: Los coches de carreras / por Wendy Strobel Dieker.
Other titles: Race cars. Spanish
Description: Mankato, Minn. : Amicus, 2020. | Series: Spot. Máquinas poderosas | Audience: K to grade 3. Identifiers: LCCN 2018054520 (print) | LCCN 2018059252 (ebook) | ISBN 9781681519128 (eBooks) | ISBN 9781681518862 (hardcover)
Subjects: LCSH: Automobiles, Racing–Juvenile literature.
Classification: LCC TL236 (ebook) | LCC TL236 .D5418 2020 (print) | DDC 629.228/5-dc23
LC record available at https://lccn.loc.gov/2018054520

Alissa Thielges, editora
Deb Miner, diseñador de la serie
Aubrey Harper, diseñador de libro
Holly Young, investigación fotográfica

Creditos de las imagenes: Alamy/CORDON PRESS cover, 16; ESPN/Scott Clarke cover, 16; Shutterstock/Action Sports Photography 1; Shutterstock/PHOTOMDP 3; AP/Russell LaBounty/NKP 4–5; iStock/photostio 6–7; Shutterstock/Ivan Garcia 8–9; Shutterstock/cigdem 10–11; iStock/nycshooter 12–13; Getty/VANDERLEI ALMEIDA/AFP 14